AS AVENTURAS DE
TORTY,
A TARTARUGA

SUNNY ILUSTRAÇÕES **MAURICIO NEGRO**

Paulinas

Dedico este livro, primeiramente,
a Deus, que tudo vê e tudo conhece.

Depois, dedico aos meus três amores eternos:
Fabiana, minha querida esposa;
Erika, minha filha,
presente de Deus na minha vida,
e Erick, meu filhinho,
que apressadamente segue meus passos,
sabendo que ninguém é maior que Deus.

Sumário

Por que a tartaruga não tem pelos **4**

A sábia tartaruga **8**

A comida apimentada **16**

A aposta **21**

O segredo das árvores andantes **25**

Por que a tartaruga não tem pelos

Era uma vez...

Numa terra bem distante, morava uma tartaruga muito esperta, chamada Torty, que não cansava de se gabar da nobreza que herdara. Ela andava sempre bem vestida e vivia criticando a vida e o comportamento dos outros. Costumava dizer sempre a seguinte frase: "Ser cortês é estar próximo à realeza".

Nas reuniões sociais, era ela quem tomava as primeiras palavras (e as últimas, também). Se as suas sugestões não fossem acatadas, ficava irritada, esbravejava, ofendendo todos: "Como ousam me contrariar, vocês, plebeus, sem inteligência, sem nobreza".

Certo dia, ela teve de ir à casa de seu amigo gato para tratar de um assunto urgente e importante. Ao chegar lá, o gato estava na cozinha ajudando sua mulher a preparar uma refeição, conhecida como *awii*.

Enquanto conversavam, o cheiro maravilhoso da comida chamou a atenção de Torty. Aqueles temperos seduziam os seus pensamentos e, cada vez que o gato mexia na panela, crescia-lhe a vontade de devorar aquela comida.

A gata precisou nesse momento ir à horta apanhar verduras para terminar a refeição de *awii* e chamou o marido. O gato, então, saiu, deixando a tartaruga sozinha na cozinha. Nessa hora, ela não conseguiu pensar em mais nada, a não ser em saborear aquela comida que era preparada com tanto capricho. A primeira ideia que teve foi a de abrir a panela para sentir o cheiro mais de perto, mas, como cheirar não bastava, ela, mesmo com a panela borbulhando, mergulhou a ponta do seu dedinho e experimentou o *awii* mais saboroso que já tinha provado.

Assim, começou a pensar em como poderia comer aquele *awii*, já que até aquele momento não havia sido convidada pelo casal e, nobre como era, não caberia convidar-se, pois tal atitude feriria seu orgulho. A solução que encontrou então foi a de tirar o chapéu e esconder ali uma porção de *awii*.

Quando os donos da casa retornaram à cozinha, Torty rapidamente colocou o chapéu na cabeça e anunciou a sua saída, mas o gato, seu amigo, segurou-a pela mão, dizendo:

— Nada disso, minha amiga! Minha esposa resolveu te convidar para almoçar conosco. Você não faria uma desfeita dessa, não é? Não imagino você se recusando a comer o melhor *awii* do mundo.

A tartaruga, já afobada, respondeu:

— Obrigada, meu amigo, mas a minha visita é rápida e não posso ficar... Tenho mesmo que ir agora.

O gato retrucou, dizendo:

— Mas eu insisto... Não faz sentido ir embora sem saborear o almoço, que já está pronto. Sente aí que ela já vai te servir.

Enquanto o gato insistia, o *awii* queimava a cabeça de Torty; o quentíssimo óleo de dendê ia lhe descendo pela nuca e queimando o seu corpo inteiro. Ela tentava esconder a dor horrível que sentia, ao mesmo tempo que conversava com o amigo, mas a alta temperatura da comida estava cozinhando seus miolos. Até que não aguentou mais: perdeu a consciência e desmaiou. Seu chapéu caiu e revelou o segredo que ela tanto tentara esconder.

Um curandeiro foi chamado e, embora tenha conseguido reavivar a tartaruga, não pôde evitar que ela perdesse todos os pelos.

A queimadura que o pobre animal sofreu foi tão séria que alterou a genética das tartarugas. É por isso que, até hoje, os seus descendentes não têm pelos e nascem com a pele enrugada.

A sábia tartaruga

Segundo contam, em um tempo muito antigo, num reino encantado, vivia uma sábia tartaruga. Dentre os conselheiros do rei, ela era a mais respeitada por conta de sua sabedoria.

Mas, com o passar dos anos, ela se deixou corromper pelos muitos presentes e elogios que recebia por causa dessa sua sabedoria. Sua vaidade e presunção foram crescendo, assim como o desejo de se tornar a única sábia do mundo: "Seria uma maravilha", dizia ela, "se eu fosse a única sábia no mundo inteiro! Eu poderia dessa forma cobrar bem caro para ensinar as pessoas a resolverem seus pequenos problemas do dia a dia. Os reis da terra me trariam ouro e prata, além de outros bens, só para que os ensinasse a governar. Sendo a única sábia do mundo, eu seria a mais rica na face da terra, a mais respeitada e adorada por todos".

Convencida de que só teria vantagens, a tartaruga, ambiciosa e egoísta, consumiu horas do dia e da noite, pensando em como realizar aquele seu desejo de se tornar a mais sábia do mundo. Não poupava esforços e gastava tudo o que tinha, pois aquilo se tornara uma obsessão.

Certo dia, ela conheceu um feiticeiro disposto a ajudá-la, embora ele soubesse que era impossível realizar o desejo da conselheira. Mas, como a tartaruga estava disposta a pagar qualquer preço, o feiticeiro lhe deu um saco e ensinou as palavras mágicas que deveria proferir em cada casa, em cada cidade e em cada nação, para tomar posse da sabedoria dos outros e guardá-la para si.

Ela se alegrou imensamente, pensando que a tarefa seria fácil. Pobre tartaruga!

Ao passar pela primeira rua, viu um homem construindo sua casa. Imediatamente, ela proferiu as palavras mágicas que o feiticeiro havia lhe transmitido e roubou a sabedoria daquele homem, colocando-a no saco que carregava. No mesmo instante, esse homem parou de trabalhar e, com um olhar vazio, demonstrou ter esquecido até mesmo o próprio nome. Ao ver aquilo, se alegrou mais ainda, e disse:

– Em poucos dias, o mundo inteiro será meu, pois roubarei a maior riqueza do homem: a sua sabedoria. E tudo será meu, só meu.

Mas tão grande quanto sua ambição era o seu engano, porque se o mundo é imenso, a sabedoria humana é maior ainda.

Assim, dia após dia, em cada aldeia, em cada cidade e em cada país por onde passava, a tartaruga acumulava mais sabedoria. E aquela vontade de roubar todo o saber do mundo em apenas alguns dias já durava meses, anos, séculos, milênios. O saco onde ela armazenava as sabedorias também ficava cada vez mais pesado. E a tartaruga, que antes já era lenta, agora se locomovia mais devagar ainda.

Sua estada em cada cidade e reino causava muitos prejuízos. No Egito, por exemplo, ela tomou a sabedoria dos engenheiros e construtores, e muitas pirâmides e esfinges ficaram inacabadas.

A sua passagem pelo Reino de Shona ficou marcada pela destruição, e hoje só restam as ruínas de Zimbábue.

A tartaruga também se apossou da sabedoria do império dos Incas e dos Maias, provocando a aniquilação de monumentos e palácios, que hoje são apenas ruínas.

Em outra ocasião, ela navegou num barco de guerreiros e aventureiros conhecidos como vikings. Eles, então, lhe contaram sobre suas viagens e aventuras em novas terras descobertas. Com isso, a tartaruga resolveu roubar-lhes a sabedoria, e isso fez com que esquecessem suas rotas.

Sua passagem pela Itália provocou a inclinação da Torre de Pisa, pois a ambiciosa tomou para si a sabedoria dos construtores no momento em que a torre ainda estava sendo erguida. Em Veneza, por igual motivo, os engenheiros não puderam terminar os diques que protegeriam a cidade da inundação. O mesmo se deu com os arquitetos e construtores do Coliseu, em Roma, quando as obras estavam prestes a ser terminadas. E a frustração pelo projeto inacabado fez com que eles se tornassem gladiadores sanguinários.

Quando a tartaruga passou pela China, ficou maravilhada com a grandeza e imponência da Grande Muralha. Assim, ela não resistiu e ficou com o conhecimento daquele povo também, fazendo com que o grande muro ficasse inacabado e enterrado por muitos anos.

Depois de passar milênios e milênios percorrendo o mundo, roubando e guardando o conhecimento dos homens, arruinando nações, impérios e povos, desencadeando guerras e conflitos, no firme propósito de impedir a evolução dos seres humanos, a tartaruga decidiu que estava na hora de voltar para casa e assumir o papel de "a única sábia do mundo".

Quando, finalmente, chegou à casa, tinha outro assunto importante a resolver: onde guardaria o seu tesouro? Qual seria o lugar mais seguro para esconder o saco cheio de sabedoria? Então, ela achou um pé de iroko tão alto, mas tão alto, que não dava para ver a sua copa. Decidiu guardar o seu saco no topo daquela árvore e pensou: "Como sou a única sábia no mundo, como os homens não sabem mais pensar, com certeza não conseguirão subir em uma árvore dessa altura".

Que boba! Como estava enganada! Ela não aprendera que a sabedoria é como o vento, ninguém vê, mas todo mundo sente. Às vezes, o vento sopra com força, em outras, sopra suavemente, mas uma coisa é certa: ninguém jamais conseguiu segurá-lo.

A tartaruga colocou o saco cheio de sabedoria na cabeça e tentou subir no pé de iroko, agarrando-se ao tronco. Depois de horas tentando subir, ela não saía do lugar. Uma menina que passava por ali, vendo a pobre com aquele saco enorme na cabeça, parou e pôs-se a observar o animal nas suas frustradas tentativas. Passados alguns minutos, ela perguntou à tartaruga:

— Oh, tartaruga! Será que não percebe que é impossível subir na árvore com esse pesado saco na cabeça? Desse modo você não vai conseguir, pois o saco a impede de enxergar a sua frente.

A tartaruga respondeu:

— A questão é que eu não quero perder este saco de vista nem por um minuto.

E a menina, antes de ir embora, concluiu dizendo:

— Acho que seria bem melhor se segurasse o saco com uma das patas, assim as outras três patas estariam livres para você escalar a árvore e poderia ver por onde está indo.

A tartaruga parou para pensar um pouco e decidiu seguir o conselho da menina. Mas, ao chegar no meio do caminho, estava tão cansada, que não encontrou forças para terminar de subir naquela árvore tão alta.

Um menino que passava por ali viu a tartaruga, parou para observar o cansado animal na sua empreitada e disse:

– Acho que é melhor você descer, pegar uma corda longa, amarrar uma ponta na boca do saco e a outra na sua cintura. Daí, você poderá subir na árvore com as quatro patas, trazendo o saco amarrado junto de você.

A tartaruga escutou, mas ignorou o conselho do menino. Quis dar mais um passo, mas suas patas já estavam tão cansadas que escorregou, caiu e desmaiou.

Quando acordou, achou melhor seguir o conselho do menino, mas, depois de finalmente alcançar o topo da árvore e colocar o saco pesado lá em cima, ela se deu conta de que não era a única sábia no mundo, pois até as crianças eram mais sabidas do que ela.

Furiosa, a tartaruga abriu o saco e um forte vento passou, levando todas as sabedorias que estavam presas de volta para os lugares de onde tinham sido roubadas.

A comida apimentada

Era uma vez um belo reino habitado só por animais. Ali os bichos viviam em paz e harmonia. A chuva caía quando era esperada e o sol brilhava o quanto precisasse para que as colheitas fossem sempre fartas. Os anos de prosperidade eram longos e a felicidade fez morada naquele reino, onde havia festa quase todos os dias. Mas...

O reino dos homens era vizinho do reino dos animais, e por lá a harmonia e a paz não reinavam: as pessoas cortavam e queimavam as florestas e faziam mau uso da água. Todo esse desrespeito para com a natureza trazia consequências desastrosas ao clima: o sol brilhava demais e a chuva quase não caía. A seca se estendia por longos períodos, prejudicando a colheita, que se tornava escassa a cada ano. Por causa dos homens, o reino dos animais também sofria, pois na natureza tudo está conectado. Em razão de o calor ser insuportável, os animais não permaneciam mais nos campos, mas sim ao redor das fontes e das lagoas que ainda não tinham secado.

Certo dia, o rei leão marcou uma reunião urgente à beira da lagoa e pediu ao macaco, o mensageiro oficial do reino, que avisasse a seus súditos que a presença de todos era obrigatória, pois o assunto demandava muita importância.

Quando todos estavam presentes, o rei se levantou do seu trono e disse:

– Companheiros e companheiras! Vocês viram que a seca está castigando a nossa terra, e por isso está faltando alimento em muitas casas. Embora muitos tenham conhecimento da situação, há ainda aqueles que continuam desperdiçando o pouco alimento. Isso é falta de companheirismo... E para garantir nossa sobrevivência, eu, seu rei, decreto que a partir de hoje estocaremos todo o alimento em um só armazém e que todo mundo comerá junto, aqui na beira da lagoa.

O decreto foi aprovado com unanimidade. O leopardo e a águia foram escolhidos para ser os guardiões do armazém, e o cachorro e o gato foram eleitos os cozinheiros.

Segundo ordem do rei, a comida seria sempre bem apimentada, e qualquer um que identificasse seu efeito picante seria expulso da mesa. Por isso, era proibido soprar, abanar a boca, beber água ou fazer qualquer outro sinal enquanto se comesse. O rei sabia que, agindo assim, ninguém iria comer demasiadamente, mas apenas o suficiente para passar o dia.

Mas a tartaruga, espertalhona, não gostou da ideia de compartilhar a mesma cozinha com todo mundo. Porém, não fez objeção, com medo da represália dos outros animais. Então, ela armou uma estratégia para comer o quanto quisesse sem que ninguém percebesse que estava violando a regra.

Na mesa, durante a refeição, os animais que não suportavam o ardor da pimenta e sopravam ou abanavam a boca, rapidamente deixavam a mesa por ter violado a regra. Mas a tartaruga tentava segurar o máximo possível a sensação de ardido, até que as lágrimas começavam a escorrer de seus olhos e, então, ela começava a falar aos outros animais o seguinte:

– Companheiros, eu não soprei assim: TSSIM! Eu não soprei assim: TSSSIM! Desde que estou comendo, eu não soprei ainda assim: TSSIM.

Ela repetia isso várias vezes, até acabar com toda a comida da panela. Por isso, enquanto os outros se poupavam para não gastar energia, a tartaruga esbanjava vigor, brincando o dia inteiro e desafiando todo mundo para a luta.

Mas o papagaio percebeu que a tartaruga estava engordando, e comentou isso com todo mundo, dizendo que aquilo só era possível porque ela trapaceava na mesa, na hora das refeições, enganando a todos.

Certo dia, o papagaio pediu uma audiência com o rei leão para explicar-lhe como a tartaruga trapaceava na mesa, e sugeriu que o rei incluísse mais uma regra: seria proibido falar durante as refeições.

No dia seguinte, quando todo mundo já ia sentar à mesa, o rei levantou e disse:

– Companheiros, eu e meu gabinete decidimos que a partir de hoje é proibido falar durante as refeições e, se houver a necessidade de se comunicar, será somente com gestos.

A maioria dos animais aplaudiu a decisão. Já a tartaruga, mesmo não tendo gostado nada daquela regra, preferira ficar calada, bem quietinha.

Durante a refeição os animais, como sempre, comeram pouco e logo saíram da mesa, mas a tartaruga, como era seu costume, encheu o prato e tentou comer o mais rápido possível. Só que a comida apimentada queimava sua boca, sua garganta, sua língua e tudo o que tinha direito. Como ela não podia mais falar para disfarçar a sensação de ardor, lágrimas começaram a escorrer-lhe dos olhos. Ela, então, parou de comer e disse que perdera a fome, pois a lembrança da morte de seu tataravô a fazia chorar muito.

Todos os animais deram gargalhadas, ao ouvirem o motivo do choro da tartaruga.

A partir daquele dia, a tartaruga entendeu que não podia mais enganar os outros animais e, assim como os demais, começou a racionar a comida.

Então, o estoque do reino durou até o fim da seca e ninguém morreu de fome.

Os reinos vizinhos aprenderam com os animais a sobreviverem durante a seca e à escassez de alimento. Por isso, até hoje, muitas nações africanas mantêm o costume de preparar a comida com bastante pimenta e também de não falar durante as refeições.

A aposta

Era uma vez...

As planícies africanas, com pastos verdejantes em quase todas as estações do ano, eram habitadas por grandes manadas de elefantes, búfalos, zebras, gazelas e outras tantas espécies. Todos esses animais viviam ali se deliciando e se fartando das iguarias que a natureza lhes oferecia.

De tempos em tempos, surgiam boatos sobre inúmeros bandos de leões famintos que tinham a intenção de atacá-los a qualquer momento, e isso causava pânico e desespero entre as manadas.

Mas, segundo as tradições, os primeiros animais que chegassem ao rio ou à lagoa mais próxima e bebessem das águas limpas, estariam salvos dos ataques dos leões durante o ano inteiro. Por isso, toda vez que surgiam os boatos, a corrida para chegar a esses lugares se acirrava, durante horas ou até mesmo dias.

Aconteceu que, entre essas manadas, havia uma tartaruga chamada Torty, que sempre era a última colocada nas corridas. Às vezes, ela chegava dias e até mesmo semanas depois dos outros e, como sempre, vinha contando muitas histórias sobre como enfrentou e derrotou centenas de leões no caminho e como salvou a manada.

Todos os animais se alegravam e admiravam as façanhas de Torty.

Certo dia, um bando de hienas que rondava as manadas cantou uma canção que contava como a tartaruga se enterrava para não ser atacada pelos leões. Ao ouvirem a música, todos os animais riram e passaram a fazer piadas sobre ela. Envergonhada, Torty jurou que, na próxima corrida, não seria a última a chegar. Estava disposta a fazer de tudo, inclusive pisotear, se fosse preciso, quem estivesse no seu caminho. Não se importaria com quem quer que fosse, e até mesmo as fêmeas prenhas não seriam poupadas.

Os animais ouviram-na repetir essa promessa inúmeras vezes, mas não acreditavam em suas palavras, porque ela era sempre a mais lenta em tudo.

Quando o boato sobre o ataque dos leões novamente circulou, a tartaruga foi uma das primeiras a correr, mas, como suas patas eram muito curtas e o seu casco muito pesado, ela praticamente não conseguia sair do lugar.

Assim, como sempre, foi a última a chegar. Só que, dessa vez, aconteceu algo inesperado: uma das zebras prenhas não

havia chegado e, quando foram investigar o que acontecera, viram que ela tinha sido pisoteada, pois suas patas estavam fraturadas.

Quando irrompeu a notícia de que a zebra grávida tinha sido pisoteada, todos ficaram perplexos, e se perguntavam quem poderia ter cometido tamanha maldade. Então, a maioria se lembrou da promessa de Torty, de que ela não pouparia ninguém que estivesse a sua frente na corrida.

Assim, mesmo sabendo que ela não tinha condições físicas para cumprir a ameaça, eles a condenaram a sete dias de reclusão num calabouço, porque se incriminara pela própria língua.

Passaram-se seis dias e, no sétimo, logo pela manhã, todos acordaram assustados com os gritos incessantes da tartaruga. Ela bradava:

— Alguém me tire daqui! Eu não aguento mais! Essa catinga de cocô vai me matar! Vocês sabem que eu não fiz nada!

Ao vê-la livre, o elefante quis saber por que ela esperara até o último dia da pena para se queixar do cheiro de cocô. Poderia ter reclamado antes!

Todos, então, gargalharam, ao ouvirem a pergunta do elefante.

Torty não convencia a ninguém de que era ligeira e esperta!

O segredo das árvores andantes

Era uma vez, numa floresta africana bem distante, uma tartaruga que comia e andava tão devagar, que dava tempo de o capim crescer sobre o casco dela. Era um animal quieto e lento, e por isso ninguém notava sua presença naquela floresta.

Numa noite silenciosa, ao ouvir duas árvores conversando, ela soube que, nos tempos antigos, bem antes da criação dos outros seres vivos, as árvores se locomoviam. Espantada, não acreditou naquilo, mas continuou quietinha no seu canto.

Pôde escutar muitas outras vezes as conversas entre as árvores, e numa dessas teve conhecimento de que elas poderiam levantar suas raízes e sair andando, caso ouvissem algumas palavras mágicas. Palavras mágicas que foram reveladas sem querer à tartaruga.

Vendo-se dona de um segredo tão precioso, ela não conseguia se conter, queria porque queria usar o segredo em benefício próprio.

A pouca distância da floresta havia um vilarejo que, em dias de feira, tinha seus mercados cheios de gente comprando e vendendo vários tipos de mercadorias. A tartaruga, ardilosa, riu baixinho, pensando no susto que o pessoal do vilarejo tomaria, quando visse as árvores andando. Então, ela agarrou firmemente o tronco de uma árvore e proferiu as palavras mágicas, cantando:

> ONYE NO NÚKWU UKWA?
> Quem está ao pé da jaqueira?
> TU TU TU
> KE KE KE
> TU KE
> ONYE NO NÚKWU UKWA?
> Quem está ao pé da jaqueira?
> TU TU TU
> KE KE KE
> TU KE
> MBE NO NÚKWU UKWA
> A tartaruga está ao pé da jaqueira.
> TU TU TU
> KE KE KE
> TU KE
> ANWU JI GBA YA NWUO
> A abelha que a picou morreu.
> TU TU TU
> KE KE KE
> TU KE
> EGBE JI TUO YA NWUO
> Até o gavião que bicou ela, morreu.
> TU TU TU
> KE KE KE
> TU KE
> UKWA NA AGA EGBU GIO!
> A jaqueira, se ficar parada, morrerá também.

Naquele mesmo instante, as árvores da redondeza levantaram suas raízes e saíram andando com a tartaruga até chegar ao mercado.

Quando as árvores surgiram caminhando, o corre-corre começou: as pessoas gritavam, jogando seus pertences, e fugiam para se salvar, pois pensavam ser o fim do mundo. Ninguém teve coragem de ficar ali na feira para ver aquilo. Em poucos minutos, o vilarejo ficou deserto.

A tartaruga fez as árvores pararem e, olhando ao redor, viu que muitas mercadorias haviam sido abandonadas e, então, pegou tudo quanto pôde carregar, sem pagar nada.

Ao voltar para a floresta, ela percebeu que, além de se locomover mais rápido, podia tomar os pertences dos outros e ainda se divertir causando pânico nas pessoas. Tudo por causa do grandioso segredo de que tinha posse.

Assim, quase todos os dias, saía com as árvores para aterrorizar os vilarejos e os mercados da vizinhança.

Os moradores tentavam entender aquele fenômeno para encontrar uma solução que os livrasse daquele terror e do prejuízo que aquilo tudo lhes causava. Alguns até ofereceram sacrifícios aos seus deuses, enquanto outros faziam promessas para que fossem libertados daquela situação horrível e inexplicável.

Num vilarejo, havia uma viúva oleira que, cansada de tantos prejuízos, pois muitas das suas cerâmicas se tinham quebrado naquelas correrias, decidiu descobrir qual o segredo que fazia com que aquelas árvores se movessem. Então, ela criou a escultura de uma mulher com um tipo de argila pegajosa, que era tão perfeita, mas tão perfeita, que não dava para perceber se era ou não uma mulher de verdade.

No dia de feira, quando o mercado estava cheio, ela pegou a escultura e a colocou bem ali no meio do povo. Como era esperado, as árvores apareceram e todo mundo fugiu gritando:

– Abominação! Meu Deus, isto é o fim do mundo!

Enquanto saqueava as mercadorias, a tartaruga percebeu a presença de uma mulher sentadinha, olhando para ela. Sem perceber que era uma escultura, perguntou:

– O que está fazendo aqui? Você não tem medo de mim? Por que não fugiu como os outros?

Com tantas perguntas e nenhuma resposta, ela já estava ficando furiosa e disse:

– Você não fala, não? Se não me responder agora, eu vou te esbofetear tanto, que vai perder o resto dos dentes que tem!

Como continuou sem nenhuma resposta, deu um tapa com a mão direita, que ficou colada no rosto da escultura. Ela tentou livrar a mão, mas não conseguiu e, ainda mais raivosa, disse à mulher:

— Solte minha mão agora! Saiba que a última pessoa que bati com minha mão esquerda, foi parar no hospital com o queixo quebrado. Tenho certeza de que você não quer ter seu queixo quebrado... Me solte imediatamente, senão eu vou te bater novamente!

A mulher não proferiu nenhuma palavra, e a tartaruga lhe esbofeteou com a mão esquerda que também ficou colada no rosto da escultura.

— Solte minhas mãos agora, ou te dou um chute tão forte que sua perna vai quebrar.

Novamente, como não recebera nenhuma resposta, chutou a estátua com a perna esquerda, e esta também ficou grudada.

— Essa doeu! Eu sei que doeu, então me solte agora, senão eu vou lhe chutar com a outra perna, e isso vai quebrar o resto dos ossos que ainda estão inteiros. Solte-me agora! Eu não estou de brincadeira!

E lá foi a tartaruga: paft!!! Bateu com a perna direita, que também ficou presa à estátua.

Somente nesse momento ela percebeu que estava totalmente presa. Tentou se livrar, mas, quanto mais lutava, mais colada ficava.

Até que resolveu conversar com a estátua pacificamente:

– O que foi, mulher? Se me soltar, prometo dividir todas essas mercadorias com você. Não é uma boa? Vai dizer que não gosta daquele colar maravilhoso!? É seu, se me libertar. Você venceu!

A tartaruga continuou falando e pedindo que a estátua a tirasse dali, até que a viúva oleira e os outros moradores voltaram para recolher o resto das suas mercadorias. Quando viram a tartaruga colada na estátua, eles entenderam que ela estava envolvida no caso das árvores andantes, porque as árvores, ao contrário da tartaruga, permaneciam lá, paradas.

Depois de muitas perguntas, ela acabou confessando sua culpa e, para que nunca mais proferisse as palavras mágicas, eles a castigaram, dando-lhe uma substância que endureceu a sua língua.

É por isso que até hoje as tartarugas não falam.

Dados Internacionais de Catalogação na Publicação (CIP)
(Câmara Brasileira do Livro, SP, Brasil)

Sunny
    As aventuras de Torty, a tartaruga / Sunny ; ilustrações Mauricio Negro. – São Paulo : Paulinas, 2012. – (Coleção árvore falante)

    ISBN 978-85-356-3037-4

    1. Literatura infantojuvenil I. Negro, Mauricio. II. Título. III. Série.

12-05910   CDD-028.5

Índices para catálogo sistemático:
    1. Literatura infantil   028.5
    2. Literatura infantojuvenil   028.5

1ª edição – 2012
2ª reimpressão – 2022

Direção-geral: *Bernadete Boff*
Editora responsável: *Maria Alexandre de Oliveira*
Assistente de edição: *Rosane Aparecida da Silva*
Copidesque: *Ana Cecilia Mari*
Coordenação de revisão: *Marina Mendonça*
Revisão: *Mônica Elaine G. S. da Costa*
Gerente de produção: *Felício Calegaro Neto*
Assistente de arte: *Ana Karina Rodrigues Caetano*
Produção de arte: *Telma Custódio*

Nenhuma parte desta obra pode ser reproduzida ou transmitida por qualquer forma e/ou quaisquer meios (eletrônico ou mecânico, incluindo fotocópia e gravação) ou arquivada em qualquer sistema ou banco de dados sem permissão escrita da Editora. Direitos reservados.

Paulinas
Rua Dona Inácia Uchoa, 62
04110-020 – São Paulo – SP (Brasil)
Tel.: (11) 2125-3500
http://www.paulinas.com.br – editora@paulinas.com.br
Telemarketing e SAC: 0800-7010081
© Pia Sociedade Filhas de São Paulo – São Paulo, 2012